廣交會

THE TEN MAJOR NAME CARDS OF
LINGNAN CULTURE

目錄
CONTENTS

Being a Chinese commercial city for nearly 1,000 years, Canton Fair is a popular name card of Guangdong as "Silk Road on Seas" and of the entire country for globalization.

中國第一展

廣交會是廣州千年商都的一張閃亮名片，是廣東海上絲路的一張閃亮名片，也是中國走向世界的一張閃亮名片。

二〇一〇年十一月四日，秋高氣爽，陽光燦爛。
第一百〇八屆中國進出口商品交易會（廣交會）
在廣州琶洲會展中心宣告圓滿閉幕。截至十一月
三日，第一百〇八屆廣交會共有來自二百〇八個
國家和地區的十九萬九千二百六十六名境外採購
商到會。

一百〇八屆，也就是五十四個春秋。五十四個春
秋，花開又花落，潮去又潮來。世界可以發生很
多變化了。一株幼苗可以長成一棵參天大樹了，
一棵參天大樹也可以變成一片茂密森林了。然

原中蘇友好大廈，曾為中國出口商品展覽會和第一、第二屆廣交會會址

而，廣州作為海上絲路的發祥地，作為中國與世界連接的樞紐重鎮地位，卻一直沒變。

這五十四個春秋廣交會是怎麼走過來的呢？

一九五七年是一個大起大落、大悲大喜的年代，中國每天發生的事情，一幕幕、一件件，都是前無古人的，讓人眼花繚亂、應接不暇。對那年的事情，不一定人人都記得，但有一件事，不應該被淡忘。

僑光路二號，中國
出口商品陳列館

四月二十五日至五月二十五日，第一屆中國出口
商品交易會在廣州中蘇友好大廈舉行。最初的正
式名稱是「中國對外貿易公司聯合舉辦中國出口
商品交易會」。據說第一個使用「廣交會」這一
簡稱的是周恩來總理。

一九五八年春，第三屆廣交會遷至位於僑光路二
號新建成的中國出口商品陳列館舉行。當時擔任
國務院副總理的陳毅親筆為新館題寫了「中國出
口商品陳列館」館名。此後，在這裡舉行了第三
屆至第五屆廣交會。

第六屆廣交會（一九五九年秋）在作為建國十週年獻禮項目的起義路一號陳列館開幕，該展館從第六屆至第三十四屆，共舉辦了二十九屆廣交會

一九五九年，作為中華人民共和國建國十週年的獻禮項目，廣州在起義路興建新的廣交會場館。新館從一九五八年十一月一日開始破土動工，僅用了九個月的時間，便全部竣工。一九五九年十一月一日，第六屆廣交會順利遷至海珠廣場起義路一號新建成的陳列館址，一直到第三十四屆廣交會都在這裡舉辦。

一九七四年四月初，中國出口商品交易會流花路展館建成，這是當時廣東最大的一個單項民用建築物。新展館的正面鑲嵌著由郭沫若手書的「中

國出口商品交易會」九個金色大字。字高四點八
米，以鋼筋水泥塑造，平均每字重達三百公斤，
共使用了一點一公斤黃金裝飾。

二〇〇四年琶洲會展中心落成，廣交會隨即實行
擴容，從第九十五屆開始分成新舊兩個展館舉
辦，廣交會一躍而成為世界第三大展，僅次於德
國的漢諾威工業展和通訊展。

從一九五七年第一屆廣交會到二〇〇六年第九十

流花展館一九七四年四
月建成，使用至今

二〇〇三年，廣交會琶洲展館全面啟用。向新的城市腹地伸出了堅實的臂膀

九屆，展覽面積由一點四萬平方米發展到六十萬平方米，出口成交額由一千七百五十四萬美元增長到三百二十二點二億美元，到會採購商由來自十九個國家和地區的一千二百二十三人增加到二百一十一個國家和地區超過十九萬人。廣交會見證著中國對外貿易的發展歷程。

二〇〇六年十月十五日，第一百屆中國出口商品交易會隆重舉行。這是廣交會發展史上的一個重要里程碑，被視為一個「承前啟後，繼往開來」的盛會，規模之大，為歷屆之最，共設三點一四〇八萬個展位，有一點四萬家企業參展。國務院

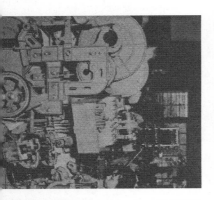

總理溫家寶在開幕式上致辭時宣佈：「為了更好地適應對外開放的新形勢，擴大進口，增加出口，推動進出口貿易的協調平衡發展，中國政府決定：從第一百〇一屆開始，廣交會更名為中國進出口商品交易會。」全場頓時掌聲雷動。

儘管二〇一〇年全球仍處於金融海嘯之中，經濟一片低迷，但從世界各地來到廣州參加廣交會的客商，卻比二〇〇九年同期增加了百分之五點九。

從一九五七年開始舉辦的中國出口商品交易會，每年春秋兩屆，從不間斷，即使在「文革」最動亂的年代、在「非典（非典型肺炎）」肆虐的時期，也沒有停辦過一屆，至今已經辦了幾十年，愈辦愈興旺，是中國目前歷史最長、層次最高、規模最大、商品種類最全、到會客商最多、成交效果最好的綜合性國際貿易盛會，成為促進世界貿易發展的一個重要的平台與紐帶。

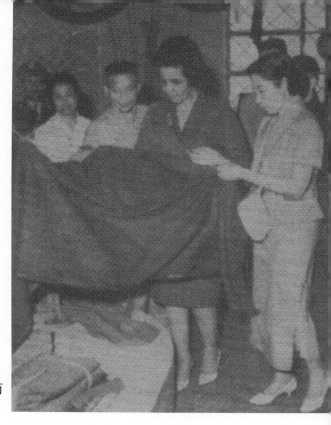

外國客商在看商
品樣板

廣交會是廣州千年商都的一張閃亮名片,是廣東
海上絲路的一張閃亮名片,也是中國走向世界的
一張閃亮名片。

且聽廣交會秘書長的致辭是怎麼說的:「中國進
出口商品交易會(又稱廣交會),創辦於一九五
七年春季,由中華人民共和國商務部和廣東省人
民政府共同主辦,中國對外貿易中心承辦,每年
春秋兩季在中國廣州舉行。廣交會的歷史,記載
了新中國外貿的不斷發展壯大,見證了中外經濟
和文化的友好交流。」

從秦、漢時海上絲路的開闢，到唐、宋時「通海夷道」的繁盛，再到明、清時十三行的雄視天下，歷史證明，任憑水流曲曲樹重重，中國外貿的航道，終究還是指向南方、指向廣東。一九七八年至二〇〇九年期間，廣東省進出口總額增長近四百倍，年均增速達百分之二十一。二〇〇九年，在國際金融危機的嚴重衝擊下，全省進出口總額實現六千一百一十一億美元，約占全國百分之二十七點七，連續二十四年居全國首位。絕不是偶然的，乃歷史所成，有自來矣。

熱情的廣交會向全世界張開雙臂：「傳承輝煌歷史，共創美好未來，因為您的到來，廣交會必將更加精彩！」

At the position of the "Silk Road on Seas", the only export trade gateway during the Ming and Qing dynasties, Guangzhou used to be an ideal destination of trade with China among foreign business circles. In their eyes, the city, once known as "Canton", was indeed synonymous with wealth.

海上絲路的
前世今生

作為明清時期一枝獨秀的通商渠道，海上絲綢之路令廣州生意興隆達四海，在世界的商人眼裡，Canton（廣州）這個名字，簡直就是財富的代名詞。

十三行同文街景

傳統上，廣東人是以會做生意出名的，「四民之中，商賈居其半」。明、清兩代，全國的經濟重心南移。明朝雖然實行海禁，但官方機構市舶司壟斷的「四夷朝貢」貿易，卻不在禁例之內。嘉靖皇帝將福建、浙江兩個市舶司撤銷，只留下廣東市舶司，作為中國海上絲路的唯一通道。

廣東商人紛紛打著朝廷的旗號，造船出海，拓展貿易。廣東人做生意的本事，如有天授，幾年間又把廣州變成「百貨之肆，五都之市」了，內地貨品經長途販運至廣州出口，稱為「走廣」。即使在朝廷把「通番」懸為厲禁時，廣東民間與海

外的私相交易，也一直沒有停止過，並愈做愈紅
火。當時的刑部尚書鄭曉跑到廣東一看，「人逐
山海礦冶番舶之利，不務農田」，眼前的情景令
他印象深刻，後來在文章中再三感嘆。

鄭和七下西洋，七次都要從廣東過境（其中一次
還是從廣東出發），可見廣東在遠洋航線上的位
置，無可替代。

廣州商館一角

由於海上絲路一枝獨秀，帶動了全省的絲織業、
陶瓷業、冶鐵業，以及蠶桑、甘蔗、茶葉、莞
香、果木等農業生產，呈現一派蓬蓬勃勃的景
象。廣東人口也隨之急遽增加，新城鎮不斷崛
起。珠江三角洲的市鎮，在一四一五年前後僅三
十三個，到一六○二年已增至一百七十六個。這

十三行同文街景

時的廣州城，金山珠海，無限繁華，可謂「三千
世界笙歌裡，十二都城錦繡中」。屈大均亦不禁
歎為觀止：「番珠犀象如山，花鳥如海，番夷輻
輳，日費數千萬金，飲食之盛，歌舞之多，過於
秦淮數倍。」

在一口通商時代，廣州至世界各地的航線，愈開
愈多，已可到達歐洲、拉丁美洲、北美洲、東南
亞、日本、俄羅斯和大洋洲，全中國的對外貿
易，都流向了廣州，十三行的貨倉大都在黃埔一
帶。那時的廣州城，真是貨物山積。

經廣州出口的商品，以茶葉、生絲、土布、絲織
品、瓷器等為大宗，在鴉片大量湧入中國之前，
進口商品以棉花、棉布、棉紗、毛紡織品為大
宗。

康熙年間（1662-1722年），在經過長達二十八年
海禁之後，朝廷終於開海貿易，設立了粵、閩、

浙、江四海關，實行「以官制商，以商制洋」的
策略，凡外商來華貿易或辦理其他事務，都必須
經過朝廷特許的「公行」進行。公行由廣州的洋
貨行商──也即大名鼎鼎的「十三行」組成，總
攬對外貿易，代理外商報關繳稅，並負責轉達、
承辦官府與外商的一切交涉。十三行實際上是兼
有商務和外交雙重性質的半官方組織。

坊間流傳著許多關於十三行的故事都從康熙開海
禁說起。其實，十三行的歷史，可以上溯到明代
萬曆年間（1573–1619年），當時廣東已有牙行
性質的「三十六行」，代市舶盤驗納稅。明末清
初廣東學者屈大均有一首竹枝詞，被後人無數次
引用：「洋船爭出是官商，十字門開向二洋；五
絲八絲廣緞好，銀錢堆滿十三行。」但他筆下所
寫，卻不是清代的十三行，而是晚明的十三行。

康熙實行海禁時，寸板片帆不准下海，中國人無
法出海貿易，海外商人雖然有來，但亦寥寥可

廣東行商肖像

數，據《夷難始末》一書記載，一六八〇年，朝
廷從廣東的夷商外貿徵稅，全年才得區區六十餘
萬兩，根本不值一提。屈大均這首詩約寫於一六
八四年，那時朝廷還沒有開海禁，第二年才正式
設粵海關，與海外通商。因此，準確地說，康熙
年間並不是設立十三行之始，而是把原有的行商
組成一個叫「公行」的共同組織。

19

從河南眺望十三
行商館

直到鴉片戰爭爆發前，廣州每年出口茶葉達三十
五萬擔，價值九千四百四十五萬銀元。乾隆年間
（1736–1795年），平均每年出口生絲和綢緞二
三十萬斤；由於外商需求太大，朝廷擔心會影響
國內自用，一度禁止蠶絲和綢緞出口，後來改用
配額制度，規定每艘英國船隻准帶土絲五千斤、
二蠶湖絲三千斤，准配帶綢緞兩千斤。

一七四五年，瑞典的「哥德堡號」商船從廣州購
買了三百多噸茶葉和六十萬件瓷器，在返抵瑞典
的哥德堡港口外海時，不幸沉沒。一九八六年瑞

典打撈出沉船，從船上清理出九噸重的廣彩瓷器
碎片和幾百噸茶葉，這些在海底埋藏了兩百多年
的茶葉，居然還能泡出茶葉清香，實在令人嘖嘖
稱奇。

一七八四年，幾位美國商人駕駛著木製帆船「中
國皇后」號，滿載花旗參、皮革、毛衣、胡椒、
棉花等商品，從紐約起航，繞過南非好望角，穿

十三行外國商館區

越印度洋，經過半年的航行，抵達廣州黃埔港。在十三響禮炮（代表當時美國十三個州）聲中，十三行商迎來了第一艘到達中國的美國商船。當「中國皇后」離開廣州返航時，船上滿載著茶葉、瓷器、絲綢、象牙雕刻、漆器、桂皮、玉桂和繡金像等中國特產。

據美國商務部統計，二〇〇九年中美雙邊貿易額達到了三千六百五十九點八億美元。讓人難以想

十三行外國商館區

廣州商人

像的是，這龐大的貿易額，居然就是從一七八四
年廣州黃埔港那一船花旗參與茶葉開始的。

由於海上絲路一枝獨秀，生意興隆達四海，在世
界的商人眼裡，Canton（廣州）這個名字，簡直
就是財富的代名詞；其知名度與傳奇度，可以和
阿里巴巴的寶藏齊名。在無數令人心旌搖曳的傳
説中，Canton總是被描繪成一座繁華美麗的東方

23

大都，世界貿易的中心城市，是中國聯繫世界的
主要通道（在很長時間內還是唯一通道），只要
敲開它的大門，千萬財富便滾滾而來。

當年瑞典的「哥德堡號」商船每來一次Canton，
貿易收入幾乎相當於瑞典整個國家一年的GDP。
因此，Canton名氣之大，甚至讓很多外國人誤以
為Canton就是中國，以為粵語就是中國的官話。

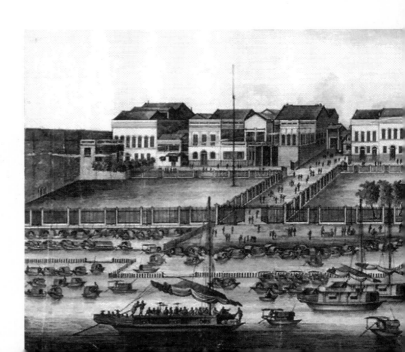

經常到廣州做生意的洋人，名字前常會被人加上「Canton」，變成「Canton的某先生」；外國傳教士們就編過不少《廣東土話字彙》一類書籍，給那些要到廣州做生意的人學習。

廣東人為了和外國人做生意，也在拚命學習外語，最初他們發明了「廣東葡語」，方便和葡萄牙商人打交道；後來又發明了「廣東英語」，用

十三行外國商館

25

於和英國商人打交道。所謂廣東英語，就是用中文注音讀英語，比如man（男人）的注音是「｜曼」，soup（湯）是「蘇批」，today（今日）是「土地」。後來盛行於上海的「洋涇濱英語」，就是廣東人的發明。

十三行的行商，不少是從福建移居來的。他們在家鄉不過是碌碌庸流而已，但一到廣東便如飛龍在天，魚躍大海，成就了一番轟轟烈烈的事業。廣州，永遠是天下英雄創業的最好平台。

十三行是一個時代的縮影。廣東人不僅把對外貿易做得有聲有色，開創了萬世一時的繁榮時代，而且在社會文化領域，亦開風氣之先，在多種文化價值的衝突與糾纏之間，儼然自成一派。在沿海通商城市形成了十三行這樣的商業組織，乃瓜熟蒂落的必然結果，標誌著以城市為中心的一種新型經濟模式，應運而生。流入城市的是人口與資源，流出城市的是商品與觀念。

一八五六年，第二次鴉片戰爭爆發，英軍攻破廣
州外城。十三行被大火焚燬，天子南庫、錦繡乾
坤，霎時間都灰飛煙滅，化作廢墟，十三行結束
了它長達一百多年壟斷中國對外貿易的顯赫歷
史。

鴉片戰爭後，廣東成為四戰之地的海防前線，中
國的外貿重心移到上海，但當時在上海從事外貿
的買辦、通事，乃至跟班、僕役等人，幾乎全是
十三行培養出來的。可以說，他們才是真正睜眼
看世界的第一批中國人。

In 1951, South China Local and Special Products Exhibition has been successively held, in which a few far-sighted businesspersons native of Guangdong, Macao and Hong Kong appealed for the right to hold a regular national export commodity fair.

廣交會
從這裡起飛

一九五一年，華南土特產展覽交流會的巨大成功，令廣東經貿界不少有識之士和港澳商人，紛紛呼籲定期舉辦全國性出口商品展覽會。

一九四九年，中華人民共和國成立。漫長的戰爭年代終於結束了，國家百廢待興，但仍然面對著重重艱難險阻，政治上的、軍事上的、經濟上的、文化上的，來自國內和國外的。每前進一步，都必須克服前所未有的困難。

當年工作人員對葉季壯部長、孔原副部長所作批示的摘錄。右李哲人副部長批示同意舉辦「華南土特產交流會」

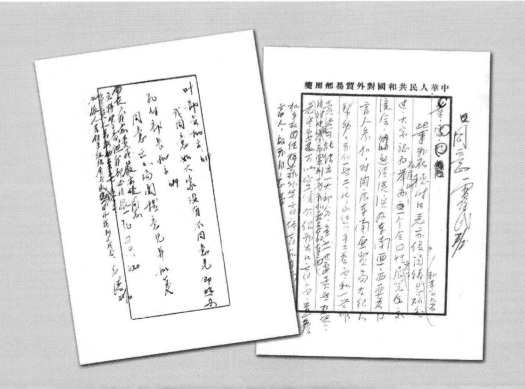

一九五〇年，新中國成立後的第一個春天，廣東
便出現了嚴重的春荒，兩廣戰役剛剛結束，廣東
大軍雲集，在各地駐防與剿匪，供應問題，急如
燃眉，籌糧工作困難重重。各地治安不穩，交通
不暢，城鄉貿易陷於停滯，糧食運不進城，城市
居民的口糧也開始告急了。種種困難，無不凸顯
出物資交流的重要性與迫切性。

為了解決物資匱乏問題、加強城鄉物資流通，中
南區和廣東各專區都舉辦過土特產展覽交流大
會，收到了一定的成效。一九五一年，廣州市決
定舉辦一次規模空前的物資交流大會，這就是
「華南土特產展覽交流會」。

首任外貿部部長葉季壯

一九五一年六月，華南土特產展覽交流會的籌備
工作開始了。首先要解決的是交流會場地的問
題。當時有兩個地方選擇，一個是海珠橋北端的
廢墟，另一個是西堤災區。西堤最早是十三行的
所在地，也是廣州對外貿易的黃金寶地。最初廣

31

陳列在手工藝品館中的
廣東汕頭抽紗

州的各種欄口大部分也都集中在西堤至黃沙一
帶。但抗戰時期,日本飛機對廣州進行狂轟濫
炸,西堤一帶全部成了廢墟。

抗戰勝利以後,出現了短暫的和平時期,粵漢鐵
路通車了,四鄉水路也顯得風平浪靜。政府對受
戰禍摧殘較嚴重的城西進行重建,但由於進展緩
慢,原來在興隆街的牲魚欄、蛋欄、豬欄都陸續
遷到東堤一帶,西堤災區由西濠口往西到鎮安
路,往北到十三行,面積約四萬平方米,直到一
九五〇年代初,仍是爛地一片,很多災民搭建了
破破爛爛的臨時棚屋。

最後，廣州市政府決定以西堤災區為交流會的會
場。對館址的建設，當時也有兩種不同意見，一
種主張參照天津、武漢土特產展覽會的形式，搭
建臨時性的竹棚作為展館，方便交流會結束後拆
除；另一種認為應該興建半永久性的建築作展
館，展覽結束後還可以作為市民的活動場所，一
舉兩得。

政府採納了後一種意見，委任畢業於法國里昂建
築工程學院的建築師林克明負責展館的總設計工
作。林克明組織了中山大學建築系的教授專家，
每人負責設計一個展館。一個月內，居住在災區
內的五千多戶災民已遷出西堤。不到三個月，從
設計到完工，五萬平方米的十二座風格各異的展
覽館和大面積的綠化工程完成。這個原來瓦礫遍
地的廢墟，面貌煥然一新。

為了做好接待工作，廣州市政府與廣州市的旅
店、茶樓食堂、交通機構聯繫，成立了專門負責

接待來賓的聯絡處。交流會開幕前夕，市政府召集了廣州市旅店業、酒樓茶室業、麵粉茶點業、茶樓餅食業、餐室業、小食品館業、輪船業及三輪車各基層委員會的代表，在廣州戲院舉行動員大會。會議強調，大會開幕時食、住、行的各種價格，應有合理的統一規定，在商家不要虧本的前提下，儘可能便宜一些。旅店也得到貸款，用

客商在洽談
綢緞生意

來更新設備。各地來賓乘坐的車船、搬運的展品，都有具體的優待辦法。倉庫業撥出現有倉庫總面積的百分之二十，交給交流會，用來存放展品，並按最低級貨物的七折收費。

所有這一切，對日後成功舉辦廣交會，都是非常難得的經驗積累。

十月十四日，繼華東區、中南區之後，全國第三個規模巨大、影響深遠的展覽交流大會——華南土特產展覽交流會，在廣州揭開了帷幕。中共中央華南分局、廣東省、廣州市領導出席了開幕式。除國內各行政區的代表團外，還有以莫應溎為團長、潘范庵為副團長的港九工商界參觀團，以馬萬祺為團長，高振武、胡煜榮為副團長的澳門觀光團也出席了開幕式。

廣州的交易總團在十月二十二日進場，與各地代表團進行交易。當時廣州推銷的商品，以針織

品、皮帶、球鞋、電池、電筒、筷子、算盤、家
用化工品等廣州的工業製成品和麵粉、黃豆等農
副產品為主，大量銷往全國各地，同時又從中南
購入各種豆類，從西北及西南地區購入土藥材
等。交流會對促進南北交流與城鄉交流，作用甚
大。

當時政府為華南土特產展覽交流會定下的任務指
標是：最低要完成五千億元、最高一兆元（均為
舊幣）的交易額。而廣州交易總團的任務指標是
二千億元（舊幣）。為了完成任務，廣州交易總
團主動與各地代表團聯繫，在大同酒家歡宴各地
代表團，又組成訪問小組，登門拜訪各地的代表
團，瞭解行情和商品情況，還代友區代表團推銷
滯銷品，如協助潮汕代表團推銷粗瓷、薯粉、抽
紗，協助湖南推銷湘粉等。

廣州毗鄰香港，海外華僑眾多，這是廣州的地緣
優勢與人緣優勢。廣州與港澳的工商界，有著千

陳列在手工藝品
館中的福州脫胎
瓷器——海棠瓶

絲萬縷的聯繫。展覽交流會的開幕式一結束，港
九工商界馬不停蹄返回香港，立即組成貿易團，
十一月二十三日便出現在交流會的會場上，與各
地行業洽商。他們一下子開出了藥材、油、豆、
蛋、牲口及其他土特產的一大沓訂單，把交流會
的氣氛推到高潮。潮汕出產的土紙、高陂瓷器、
薯粉等貨品，在交流會上滯銷，就是由廣州交易
總團代為推銷，被港九代表團統統收購。澳門工
商界觀光團回到澳門後，積極發動澳門工商界人
士回祖國進行貿易，也組成澳門工商界貿易團，
十一月七日抵達廣州參加交流會貿易。

37

陳列在手工藝品館
的江西美術瓷器

周恩來總理曾用「患難之交」來高度評價港澳同
胞在中國受到西方國家封鎖的最困難時期所提供
的幫助，這些「患難之交」，當然也包括了在華
南土特產展覽交流會上積極與內地做生意的港澳
商人。

交流會上，陳列著五花八門的南北土特產，從工
業產品到農業產品，從甘鮮果蔬等農副產品，到
肥皂等化工產品，琳瑯滿目，不僅吸引了各個交
易團，而且吸引了大批民眾前來參觀。來自天南
地北、各行各業的參觀者，絡繹不絕，熱鬧非
常，先後有六百四十一個單位，三萬餘人來到廣

州參觀，其中有工人、農民、解放軍、志願軍
等，加上來自海外、港澳的同胞，總人數達一百
五十三萬餘人。

交流大會還專門設立了上百個零售攤位，一律明
碼實價。廣東紗綢、文化衫、潮汕抽紗、椰殼製
作品、牙膏、毛巾等商品，深受人們的歡迎，幾
天的營業額高達上億元。甚至交流大會閉幕後，
零售商場仍繼續經營。

廣州交易團自十月二十二日進場交易以來，至十二月五日交流會閉幕止，累計成交購銷總金額二千一百六十五億元，其中銷售總值一千五百六十億元，購入總值五百八十四億元，比原定二千億元的目標超出一百餘億元。整個交流會成交總值達人民幣一兆一千八百三十一億多元，超額完成了原定一兆元（均為舊幣）目標的百分之十八點三一。

根據中共中央華南分局第一書記、廣東省政府主

席、廣州市市長葉劍英的指示，決定將交流大會的展覽場地保留下來，闢為嶺南文物宮，葉劍英親筆題寫「嶺南文物宮」。這就是今天的廣州文化公園。

華南土特產展覽交流會的巨大成功，給了人們許多有益的啟示。一九五五年至一九五六年，廣州先後舉辦的內貿、外貿相結合的「華南物資交流大會」、「廣東省物資展覽交流大會」和兩次「廣州出口物資展覽交流會」，都交出了相當不錯的成績單。因此，廣東經貿界不少有識之士和港澳商人，紛紛呼籲定期舉辦全國性出口商品展覽會。

這時，中國出口商品交易會，已呼之慾出。

In 1956, despite the international embargo, the "China Export Commodities Fair" was held at Sino-Soviet Friendship Mansion, sponsored by China Council for the Promotion of International Trade.

在禁運聲中
尋找突破口

一九五六年，在國際禁運聲中，由中國國際貿易促進委員會主辦的「中國出口商品展覽會」，就在中蘇友好大廈舉行。

中國出口商品
展覽會證章

一九五〇年六月二十五日，朝鮮戰爭爆發。十月
中國人民志願軍入朝參戰後，美國政府正式宣
佈，自一九五〇年十二月三日起，對中國內地及
香港、澳門地區的出口，實行全面的許可證制
度，「運用一切努力防止中國共產黨人從非蘇聯
的來源獲得直接用於軍事目的的物資與裝備」，
「凡是一個士兵可以利用的東西都不許運往中
國」。

中國出口商品展覽
會設立的交易廳

一九五一年，第五屆聯合國大會通過對中國實施
全面封鎖禁運的決議，有四十三個國家投了贊成
票。英國在一九五一年六月十六日，也追隨美
國，宣布對華實行全面禁運，並隨即出台了一系
列禁運法令，包括《輸出統制令》、《1950年輸
出管製法令》、《1951年禁止出入口法令》、
《1952年禁止出入口補充法令》等。禁止出入口
的物品，計有十三類，一百九十種之多。不僅囊
括了所有戰略物資，而且上至汽車、電子產品、
橡膠、機械設備、化學品、一般鋼鐵產品，下至
容量四加侖以上的汽油桶、紡織品及衣料，統統
納入禁運範圍。

同聲高歌祝賀中國出口
商品展覽會成功舉辦

有一個例子，足以說明禁運之嚴厲，到了何種病態的程度。當時香港出口到美國的臘鴨，是由中國內地的鴨蛋，在香港孵出鴨子後製成的，它到底屬不屬禁運範圍？各方煞有介事，往返折中，最後達成協議：「孵蛋的時候，要有一位警察在場，他要為剛孵出來的小鴨在腳上烙上印。鴨子長成後再另加記號，這樣才可以把鴨子宰掉，曬乾運封美國。」

一九五一年三月，根據全國貿易會議華南預備會議的決議，為配合整個華南地區開展對外貿易，介紹進出口商品，打破西方國家的封鎖，廣州市

舉辦了「第一屆華南出口商品展覽會」。這是由
華南區財委和對外貿易管理局等三十五個公私機
構和團體，組織廣州市、珠江、北江、西江、海
口、潮汕、東江、高雷、欽廉、粵中、興梅等地
區和湖南、廣西等公私業務經營單位聯合舉辦
的。

這次展覽會彙集了各地的農副產品、工業品、手
工業品、畜產品和礦產品等兩千多種，主要有桐

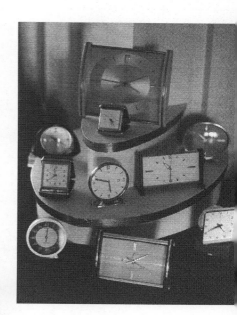

廣東省常務副省長古
大存在中國出品商品
展覽會上講話

油、茴油、菜油、茶葉、五倍子、松香、椰子、
果類、柴薪、生絲、蔗糖、罐頭、草織品、象牙
製品、竹器、瓷器、腸衣、蛋品、羽毛、鎢、
銻、錫、銅等。這些產品，絕大部分是直接從廣
州口岸出口的。

雖然這些都是日用小商品，既不起眼，也沒什麼
賺頭，但六十年後，中國成為世界第一大出口
國，不就是從出口這些桐油、柴薪起步的嗎？

中蘇友好大廈

一九五〇年代初，蘇聯和中國的關係，仍處在蜜月期。中國作為「社會主義大家庭」的一員，是對抗西方國家經濟封鎖的重要精神支柱。一九五五年二月，廣東省和廣州市政府在中蘇友好條約簽訂五週年之際，決定在廣州籌辦「蘇聯經濟文化建設成就展覽會」（廣州人稱之為「蘇聯展覽會」）。

中蘇友好大廈

當時，北京、上海都在興建中蘇友好大廈，廣州也決定興建廣州中蘇友好大廈，用於舉辦蘇聯展覽會。京、滬二地的中蘇友好大廈都是由蘇聯專家設計的，唯獨廣州的友好大廈──包括旁邊的老體育館（現已拆除，改建為錦漢展覽中心），是由廣州本地建築師林克明設計的。

廣州中蘇友好大廈的設計，以適用、經濟、美觀、統一為原則。一九五五年四月五日，中蘇友好大廈建築工程破土動工，當時剛好是廣州的雨季，經過全體工程技術人員和建築工人的夜以繼日的艱苦奮戰，僅用了五個月的時間，於同年九月底，一座面積比北京、上海的中蘇友好大廈還

要大、造型莊嚴瑰麗的大廈，便在桂花崗旁邊的
荒地之上，平地而起，聳立於一望無垠的藍天白
雲之下。這是廣州建築史上的一個里程碑。

中蘇友好大廈占地面積十一點四萬平方米，建築
面積一點八三萬平方米，每天可接待三萬人次以
上的觀眾參觀。大廈前方是一個一萬多平方米的
大廣場，廣場前是一個高七點七米、坐落在六點
五米高的底座上的巨大雕塑作品──一位中國工
人和一位蘇聯工人緊緊握手，蘇聯工人一手舉著
飄揚的旗幟，中國工人一手拿著一卷建設藍圖，
兩人並肩邁步向前，象徵著中蘇兩國人民「牢不
可破的友誼和團結共進」。這是蘇聯著名雕刻
家、斯大林獎章獲得者烈夫‧亞非維奇‧凱爾別
和烏克蘭蘇維埃社會主義共和國功勛藝術家烈
夫‧達維達維奇‧莫拉溫兩人的作品。

廣場中心建有一個三十九米長、十六米寬的噴水
池，兩邊安裝了二十二盞反射燈，每盞燈的周

圍，又有十二支小噴水管，水池兩頭又有兩座用
水泥製成的大蓮花，花蕊裡裝有十八支噴水管和
一個更大的反射燈。只要啟動開關，晶瑩的水花
便從噴嘴中射出，揚起幾米高的水柱。據老一輩
的廣州人形容，整座大廈就像神話中描寫的水晶
宮，瑰麗迷人，使人彷彿置身於夢幻般的仙境，
流連忘返。

中國出口商品展覽會開　廣場後面是三層樓的中央大廳。大廳高二十三
幕式上的軍樂隊表演　米，六對從地面拔地而起、直聳樓頂的大柱構成

《人民日報》發表社
論《祝中國出口商品
展覽會》

了大廳寬闊的大門。大門上方嵌著蘇聯國徽和一
個紅五星，及「CCCP」（蘇聯國名縮寫）四個
巨型字母。

十月五日，「蘇聯經濟及文化建設成就展覽會」
在這裡開幕，展出蘇聯在工業、農業、文化方面
的一點一七萬餘件展品。

一九五六年十一月十日，由中國國際貿易促進委
員會主辦的「中國出口商品展覽會」，在中蘇友
好大廈舉行。這是第二年舉辦第一屆廣交會的一

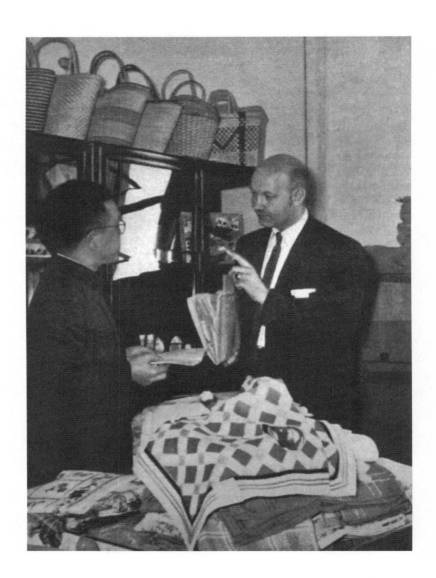

次預演，也可以稱作廣交會的前身。當天，《人民日報》發表社論表示祝賀。社論說：「中國政府和人民一向主張，在互相尊重主權和平等互利的基礎上，願同世界上任何一個國家建立和發展貿易關係，不論它的社會制度如何，也不論它同我國有無外交關係。」顯示出中國要打破西方國家封鎖的戰略安排。

這次展覽會在一九五七年一月九日閉幕，民主德國、羅馬尼亞等十九個國家駐華使節前來參觀，展覽會共接待了來自亞洲、非洲、歐洲、大洋洲、美洲等五大洲五十多個國家的商人、政府官員、文化藝術名流、學者、旅客和華僑、港澳同胞近四萬人，國內各省市來參觀的人數更多達九十五萬人次。

「中國出口商品展覽會」一結束，第一屆「中國出口商品交易會」便提到議事日程上了。

Over the past decades, China Import and Export Fair (Canton Fair), has grown vigorously into China grandest fair true to the name.

「CIEF」
叫響全世界

廣交會一辦幾十年，愈辦愈興旺，成為名副其實的「中國第一展」。

第一屆廣交會展出的小型電影放映機

在「廣州出口商品展覽會」結束至當年四月二十五日首屆廣交會開幕，中間只有短短的三個半月籌備時間。當時的籌備會只有三十名工作人員，懂外語的人不多，甚至連外國人打來的電話都不太敢接。第一個敢拿起話筒的人，被大家奉為學習榜樣。

在第一屆廣交會籌辦時，每天電函交馳，收發大量電報，如果沒有電報掛號而使用廣交會的全

稱，既費錢又不方便。中文的電報掛號好辦，很
快就擬定了，但英文的電報掛號應該怎麼寫呢？
因為按規定，英文的電報掛號只能是五個英文字
母，既不能多，也不能少。而「中國出口商品交
易會」的英文譯名Chinese Export Commodities
Fair中每個單詞的首字母組合，則只有四個字
母，不合要求。大家煞費苦心，最後決定除前面
三個單詞取第一個字母外，最後一個單詞Fair
（交易會）取前兩個字母，即FA，合併起來便成
了「CECFA」。

「中國出口商品
交易會」印章從
第一屆廣交會開
始啟用，沿用至
今

許多人都覺得，E和A都是英語元音，形成了兩個
響亮的音節，更易於發音，叫起來朗朗上口。這
個電報掛號就這樣一直沿用下來，與廣交會一起
度過了半個世紀的歲月。

然而，令人感到驚訝的是，似乎沒有人想到要為
廣交會設計一個會徽。從一九五七年的第一屆到
一九八四年第五十六屆廣交會，都是沒有會徽

中國出口商品交
易會標誌

的。改革開放以後，在市場經濟的薰陶下，大家的眼光變得開闊了，懂得了在市場經濟體制下，競爭不斷加劇，公眾面對的信息紛繁複雜，各種LOGO商標符號更是數不勝數，只有特點鮮明、容易辨認和記憶、含義深刻、造型優美的標誌，才能凸顯自己的身分，形成信息傳播的主導力量。因此，一九八五年人們為廣交會設計了第一枚會徽。

廣交會的會徽是用「中國出口商品交易會」的英文縮寫「CECF」組成中國出口商品交易會大樓正面的形狀，會徽的外形既像英文字母「C」，又像個地球，含有「國際性」之意；會徽的形狀還可以解釋為像拱橋，上半部為拱橋形，下半部為拱橋的水影，含有「友誼橋樑」、「貿易橋樑」之意。從一九八五年二月九日開始正式使用這一標誌。第五十七屆春季廣交會第一次有了自己的會徽。

到一百〇一屆時，廣交會的中文名稱改成了「中
國進出口商品交易會」，英語是China Import
And Export Fair，縮寫也變成了CIEF。原來的中
文字是郭沫若題寫的，現在郭沫若已去世，只能
從他的其他書法作品中，摳出「進」字補上去。

第一屆廣交會是「中國出口商品展覽會」的延
續，場地也是繼續租用中蘇友好大廈的展館。當
時的展館面積只有一點八萬平方米，廣交會租用
的展出面積約一點四萬平方米，真正用於展覽的

場地面積為九千六百平方米。設有工業品、紡織品、食品、手工藝品、土特產品五個展館，展銷的商品有一萬多種，大部分是在「中國出口商品展覽會」上展出過的，仍然是以農產品和土特產品唱主角。

為了給廣交會提供最好的商品，在珠江三角洲縱橫的河漢上，一船一船的柑橘橙子，從番禺、蘿崗、增城、從化運到廣州；一車一車的罐頭從廣州市的十一家罐頭廠拉到中蘇友好大廈；西關各家織造廠生產的紗綢、一百四十三家藥廠生產的藥品，也源源不絕地從工廠運往展覽館；二十個像牙生產組製作的象牙製品（包括山水、人物、牙球、印章、筷子等），也被小心翼翼地裝箱運輸……

在廣交會上，佛山紙傘、大良木屐、揭陽竹編、新會葵扇、南海爆竹、陽江漆器、東莞草織席、欖雕、竹雕、檀香扇等等，價廉物美，任君選

擇，而像牙製品是屬於高檔的工藝品，以其精雕細鏤的手工，傾倒眾生。廣州出品的象牙球、象牙摺扇骨、國際象棋、項鏈、象牙梳等等，琳瑯滿目，美不勝收，一直是海外客商心儀之物。

關於廣州象牙球，有一個流傳很廣的故事。一九一五年夏天，為慶祝巴拿馬運河建成通航，美國舊金山召開世界首屆巴拿馬萬國博覽會。廣州象牙行業公會公推聯盛號翁昭製作的二十四層牙球參展，而日本參展作品則是一個三十層的牙球。二者大小相仿，表層雕刻與內部戳花，各盡其妙，但日本的比廣東的多了六層，人們都以為金獎非日本莫屬。這時，中國代表要求把兩個牙球放到沸水裡泡煮，結果在眾目睽睽之下，一個富於戲劇性的場面出現了，日本牙球頃刻四分五裂，而廣東牙球則完好無損，原來日本牙球是用膠水拼接黏合的，而廣東牙球是用整塊象牙雕成的。翁昭的作品因此聲名大振，獲得了博覽會特等金質獎章。

佛山紙傘在東南亞地區也是鼎鼎有名的。因為南方雨多，雨傘的主要產地在南方。佛山紙傘有一百多年歷史，用桐油、柿膠、石斑木、鴨腳木、茅竹、京文紙、砂紙、雞皮紙、黃粉、鋁粉等十幾種原料製成，紅黃橙綠，色彩豔麗，遮陽擋雨，歷久不壞。佛山的花紙傘精美，繪以各種花鳥、山水、人物。深受東南亞一帶的華僑、礦工喜愛，每年大量從香港轉口到東南亞各國。

第一屆廣交會土特產
展館展出的中草藥

潮繡金線褂裙

粵繡天下聞名，與湘繡、蜀繡、蘇繡並稱四大名繡。潮州繡衣是一九五〇年代初，由潮州地區的繡工在刺繡和抽紗基礎上創製出來的一種新工藝。繡衣圖案以花卉為主，針法有六十多種，繡法細緻，沉浮明顯，緊密自然，美觀大方。最初是繡製片料，出口到香港再縫成衣服，轉銷世界各地。在一九五七年，潮州繡衣已開始大批量出口，可見其受歡迎的程度。

在眾多的農產品和土特產品烘托下，有一個龐然大物，顯出鶴立雞群的氣派，格外引人注目，那就是剛剛誕生一年多的國產解放牌汽車，那是廣交會商品中一顆光耀奪目的大明星。

解放牌汽車是我國第一個國產汽車的品牌。一九五六年七月十三日，第一批解放牌汽車在長春第一汽車製造廠試製成功。

第一批駛下生產線的解放牌汽車叫CA10型，裝
有九十匹馬力、四行程六缸發動機，載重量為四
噸，最大時速六十五公里，很適合我國的路況以
及大規模建設的需要。這批解放牌卡車，曾參加
過一九五六年的國慶閱兵式，其後一部分汽車在
天安門前展出，吸引了無數群眾爭睹國產汽車的
風采。現在，它也出現在廣交會上了。

客商在第二屆廣交會
上選購解放牌汽車

從全國各地來了十三家國營外貿公司。當時能被
挑選出來參加廣交會的業務員，不僅是各公司中
的業務骨幹，而且都是政治骨幹，他們感覺非常
自豪與光榮，認為自己是代表新中國的國家形象
的，所以在廣交會開幕前，都由軍區招待所為他
們理髮、熨衣服，甚至還修剪指甲，為的是向外
商展示一個神采奕奕、精神飽滿的形象。他們胸

來賓參觀工業館大廳

第二屆廣交會夜景

前別的交易團「入館證」標籤，也彷彿成了身分
的象徵，走在大街上，處處接受市民的注目禮。

為了盡地主之誼，廣州市想方設法為來賓提供最
好的服務，甚至連他們用的香皂、肥皂、香菸都
考慮到了，要求商業部門盡量給予適當照顧。廣
交會國內賓客每人每天供應豬肉由五分錢標準，
增加到一角錢（約1兩豬肉）。在當時那種供應
嚴重匱乏的條件下，廣州能多拿出半兩豬肉招待
每位客人，也是非常不容易的，這是全國各地支
援的結果。

中央政府對廣交會的情況高度關注，廣交會的

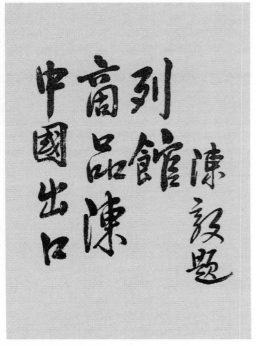

國務院副總理陳毅為中國出口商品
陳列館題寫館名

《每日動態》都要直接報送北京中南海。這一屆廣交會到會客商雖然只有一千二百二十三人，來自十九個國家（美國沒有商人來參加）和地區。但大會成交三千八百五十多宗，出口商品一千一百多種，成交金額為十八萬美金。成交貿易中，對港澳的出口占百分之六十四點三三，亞洲占百分之二十五點八。在那個連孵一隻中國鴨蛋賣到美國都要由警察監視的封鎖年代，這已經是非常驕人的成績了。

誰也沒想到，這個以農產品和土特產為主的小小交易會，一辦竟辦了幾十年，而且愈辦愈興旺，成為名副其實的「中國第一展」。廣東人的聰明、靈活、堅苦、精進和無限的創造力，舉世皆知，他們有足夠的能力，迎接挑戰。

一九五七年的秋天，第二屆廣交會如期舉辦，海外客商聯翩而至，從第一屆只有十九個國家和地區參加的廣交會，增加到三十三個，人數也上升到一千九百二十三人，成交金額達到六十九萬美金。兩屆合共成交八十七萬美金。數額雖然不大，但象徵意義卻非常大。假以時日，小樹苗終有百尺竿頭的一天。

一九五八年春季，廣交會遷至僑光路二號中國出口商品陳列館舉行

第三屆廣交會結束後，主辦方認為租用中蘇友好
大廈並非長久之計，決定從參加廣交會的出口公
司成交額中抽取千分之三，作為在海珠廣場興建
永久場館的費用。從第四屆開始，廣交會遷到了
海珠廣場東側的華僑大廈。華僑大廈是一幢六至
八層高的建築物，專門用來接待歸國僑胞。南端
的五層給了廣交會做陳列館。陳列館外，就是浩

浩蕩蕩的珠江。潮汐進退，波浪無窮，兩百多條
橫水渡和渡輪，在粼粼波光間穿梭往來，為這座
古老的商都帶來勃勃生氣。

廣交會的工作人員在海珠廣場中的草坪上搭起了
臨時竹棚，緊張的籌備工作就在竹棚裡進行。一
九五九年十一月一日至三十日，第六屆廣交會在
起義路口新建成的中國出口商品陳列館舉行，加
上用作分館的華僑大廈陳列館和海珠廣場西側展
館，會場面積共達四點九四七三萬平方米。有幾
十個國家和地區的客商參加了本屆廣交會，成交
金額達到人民幣五億多元。

Even in the years of social unrest, such as the Cultural Revolution, Canton Fair has been held twice a year, in spring and autumn respectively, without interruption.

風浪中
巋然不動

幾十年的大風大浪，但廣交會每年春秋兩屆，卻風雨不改，甚至在「文革」內亂最激烈的時期，也照開不誤。

幾十年的大風大浪，但廣交會每年春秋兩屆，卻
風雨不改，甚至在「文革」內亂最激烈的時期，
也照開不誤。

一九六六年，「文化大革命」風暴席捲全國。一
九六七年初，就在春季廣交會前夕，全國各地都
發生了造反派奪權的浪潮，許多黨政機關都陷於

英國客人參觀皮革製品

癱瘓或半癱瘓狀態。在這種「天外狂風吹海立」
的形勢下，廣交會還要不要舉辦？還能不能舉
辦？成了一個懸念，國內外各界人士都拭目以
待。

這時，中央發來指示，一定要確保交易會如期正
常地進行。

於是，春季廣交會的籌備工作從三月中旬開始。
軍代表進館作動員，要求在交易會內部，「暫停
四大（大鳴、大放、大字報、大辯論），堅持天
天讀（毛主席著作），搞陣地快報，表揚好人好

一九六七年四月，周恩來總理在廣州珠江賓館四次接見廣州地區群眾組織，說服紅衛兵，保證了當年春交會的順利舉辦

事」，讓廣大革命群眾行動起來，「以戰鬥的姿態奮戰十晝夜」，切實做好交易會準備工作。以往市容整頓，是由中南財委按兩個季度五十萬元撥款包乾，這一年雖然非常困難，但第一季度，仍撥了二十萬元給廣州市作市容清理工作。交易會貨源由中央直接抓。

四月十日，一批造反派聚集在中蘇友好大廈前，要砸掉展覽會大門前的陳毅題詞。解放軍加以阻攔，雙方僵持不下。廣州匆匆請示北京周恩來總

理，答覆是：要勸説，不要砸，沒有中央指示不
要砸。但經勸説無效，「陳毅題」三個字，終於
手起錘落，被造反派砸得粉碎，其餘的字用紅紙
封了起來。已進駐交易會展館各貿易代表團的造
反派頭，不斷提出一些苛刻要求，使展覽計劃難
以實施。

四月十三日，周恩來在北京審改中共中央、國務
院、中央軍委、中央文革小組就開好廣州春季出
口商品交易會給廣東省軍管會、中南財委並各軍
區、各省市自治區的通知稿。在修改時，他特意
增寫了「不在交易會及其所屬組織內進行奪權」
一句。

參加廣交會的中日青
年友好聯歡會

來賓購買毛
主席像章

79

通知提出了保證交易會順利進行的五點指示：
一、在交易會期間，不在組織交易會以外的人員
進館參觀，不在交易會及其所屬機構內進行奪
權。二、各省市自治區要積極組織交易會出口貨
源，除了派駐交易會的工作人員外，不要另外組
織人員去交易會參觀。三、所有參加交易會工作
的人員，有接待任務的賓館、旅店、劇場和參加
演出的文藝單位，在交易會期間，一律暫停「四
大」。四、在交易會期間，不要在出口商品陳列

黎巴嫩客商在糧油
食品館洽談業務

來自五大洲的客
商和交易團人員
洽談生意

館和接待外來商人的賓館、旅店張貼大字報。
五、交易會安排演出的文藝節目，不要再做變
動。

當天，周恩來又約見了廣東的領導人，繼續談交
易會問題。周恩來深感問題嚴重：廣州作為中國
重要的對外窗口，已經連續舉辦了二十屆的中國
出口商品交易會，這一屆如果不能按計劃進行，
勢必在全世界造成惡劣影響。因此，四月十四
日，周恩來致信毛澤東：「考慮到目前各院校和
機關造反派多忙於內爭，影響了廣州交易會各公
司、各館的內部領導，並與各地方造反派形成派

81

別」，「如不立即勸阻，對明（15）日開幕，極
為不利」。周恩來決定立即飛赴廣州，親往解決
此事。

四月十四日清晨，周恩來飛抵廣州。當天下午，
周恩來在珠江賓館接見春交會的各方面負責人和
群眾組織代表。他在講解中央關於開好春交會的
五點指示之後，向與會者指出，明天交易會的開
幕，應該看成是一個新的戰役，要保證把這個會
開好。

來自五大洲的客商在
絲綢館洽談業務

來自瑞士的客商
選購新款絲綢

當晚，周恩來出席廣州地區各群眾組織代表大
會，有一萬多人參加。中山紀念堂是主會場，市
體育館是分會場。他先到分會場與群眾見面，然
後在主會場發表長篇講話，逐條講解關於開好交
易會的五點指示，要求群眾支持解放軍的軍管工
作。

大會結束時，已經過了午夜，周恩來又驅車趕往
海珠廣場，到交易會產品陳列現場視察。據親歷
者的回憶，當時問題最多的是工藝品展廳。參展
團中的造反派硬說有些展品是「封、資、修」的
東西，有損中國形象，不能展出，更不能出口
「毒害」世界人民，他們甚至把一些展櫥貼上了
封條。

周恩來總理在第二
十一屆廣交會上觀
看展出的胰島素空
間結構模型

周恩來做了耐心的解釋工作，他説，越南人民正在流血犧牲，抗擊美帝國主義的侵略，我們除了在武器裝備和其他物資方面給予支援外，還需要為他們提供一部分自由外匯，而這只有從西方獲得。購買這些工藝品的是西方商人，我們怎麼能要求人家和我們有同樣的審美觀？這裡並不存在什麼「毒害」世界人民的問題。造反派終於同意扯下封條。

當時，另一派的造反組織見廣交會門口「陳毅題」三個字被砸後，並沒有人受到責難，為了表現自己的「革命性」，也派幾個人爬上中山紀念堂的外簷，把孫中山的題詞「天下為公」用紙蓋起來了。周恩來與群眾組織代表座談時，批評造反派以電影《清宮秘史》中有「天下為公」四個字為由，把中山紀念堂內孫中山題的這四個字遮蓋起來的做法，是「政治性錯誤」，責令天亮前必須恢復這四個字。他說：「天下為公」其實是康有為在《大同書》中提出來的，可以古為今

第二十一屆廣交會展館外景

用。孫中山即使在「文化大革命」時期也是要肯
定的。去年把南京孫中山銅像搬掉了，是錯誤
的。

周恩來離開廣州前，提出要去海珠廣場看一個
「破四舊展覽」。這個展覽就在廣交會旁邊。當
週恩來看到大量傳統美術工藝精品，那些以往廣

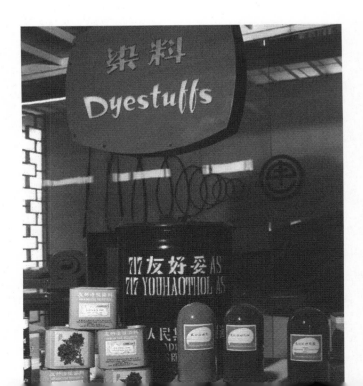

交會上的熱門商品，現在卻被當作「四舊」（舊
思想、舊文化、舊風俗、舊習慣），擺在那兒供
人批判，神情凝重，一言不發。

在周恩來的直接干預下，四月十五日，第二十一
屆中國出口商品交易會如期開幕。廣州人很顧全
大局，一到交易會，武鬥也停了，街上的大字報
也撕下來了，馬路也打掃乾淨了。大家一夜之間
變得彬彬有禮。廣州人的性格就是如此。

這一屆廣交會有來自六十二個國家和地區的七千
八百四十九名採購商到會。當年的秋季廣交會，
因為受「文革」動亂的影響，推遲了一個月，於
十一月十五日開幕，來自六十個國家和地區的六
千六百六十二名採購商來到廣州參加廣交會。兩
屆廣交會的成交金額合計八百二十四萬美元。在
風雨飄搖的形勢下，這不啻創造了一個奇蹟。

In 1986, Liuhua "Jade Palace" was listed as one of the eight major landmarks of Guangzhou city, became richly decorated jade moon palace in the eyes of city residents and appraisal specialists.

流花玉宇，
風景這邊獨好

一九八六年，流花玉宇入選
新「羊城八景」。中國出口
商品交易會大樓成為市民與
評選委員會眼中的一片「瓊
樓玉宇」。

儘管遭遇到一個個寒冬，但人們一直堅信，明年
會有另一個春天到來。「青山遮不住，畢竟東流
去」。正是在這種信念的支持下，人們才能熬過
漫長的嚴冬。

一九七四年，當我們把目光投向廣州火車站，竟
看到了一片明亮閃耀之地。

廣州火車站由建築師林克明在一九五八年負責建
築的總體設計，作為迎國慶十週年的一項重點工
程。一九六〇年代初，由於意識形態的分歧，中

一九七四年春啟
用廣州火車站

東方賓館新樓

蘇兩國吵翻了，蘇聯撤走了全部在華專家，而國內由於經濟面臨極大的困難，許多大型基建項目都陷於停頓，廣州火車站也難逃厄運。雖然一九六五年一度復工，但沒過多久，又告擱淺。就這樣斷斷續續經歷了十六年之久，直到一九七四年才建成投入使用。

火車站的南面，中國第一家「涉外賓館」——東方賓館，遙遙相對。東方賓館最初是定位為廣州火車站的配套工程，方便鐵路旅客投宿。一九五八年，廣州市市長朱光親自選定席帽山下的一片蓮塘作為賓館地址，當年秋交會後開始動工興建。適逢大躍進和經濟困難時期，幾經周折，賓館終於在一九六一年建成開業。

這是一座占地四點五萬平方米的大型賓館——剛開業時叫羊城賓館，也就是現在的東樓。在當年全世界十六個「社會主義兄弟國家」中，這是第一家大型的「涉外賓館」（意即官方允許外國人

流花路展館鳥瞰

入住的賓館）。一九六六年改名為東方賓館。一九七三年，加建了四點一八萬平方米的西樓。它的營業額一度居中國內地一千四百二十家國營涉外酒店之首。

一九七四年，廣州火車站投入使用了。中蘇友好大廈擴建為中國外貿中心大樓，廣交會也遷回來了。四月十五日至五月十五日，第三十五屆廣交會在流花路新館舉行。有八十六個國家和地區的一點五萬客商參加了本屆廣交會。越秀山下，流花湖畔，頓時沸騰起來了。從此以後，每當節日和廣交會期間，這一帶的樓宇便張燈結綵，車喧人嘩，熱鬧非常。

對於有一千多年通商歷史的廣州來說，廣交會永

迷人的廣州
火車站之夜

遠是值得大書一筆的。它的每一次搬遷，都會帶
旺一個地區，遷到哪裡，那裡就會熱火朝天。無
論在廣州的昨天，還是今天，它都是一個極耀眼
的亮點。

一九八六年，廣州評選出新的「羊城八景」。這
次評選籌備歷時一年，許多市民參加了投票。三
月二十九日，廣州市評選羊城八景委員會召開新
聞發佈會，公佈評選結果為：紅陵旭日、黃埔雲
檣、雲山錦繡、珠海晴波、黃花浩氣、越秀層
樓、龍洞琪琳、流花玉宇。

流花玉宇能夠入選，顯然是因為這裡崛起了以中
國出口商品交易會大樓、廣州火車站、中國大酒
店為標誌的一個現代建築群，與原有的東方賓
館、友誼劇院、廣州體育館相輝映，成為市民與
評選委員會眼中的一片「瓊樓玉宇」。

In the late 1970s, on a stagnant stage of the modern-to-contemporary social transformation, Guangdong broke through the encirclement and showed up for a most dazzling and amazing performance.

改革開放的
起程炮

一九七〇年代的最後幾年，廣東從一個萬馬齊喑、死氣沉沉的環境中，突圍而出，在中國近現代社會轉型史上，上演了最令人目眩，最令人驚嘆的一幕。

現在讓我們把目光落在一九七〇年代的最後幾年。看看廣東是怎麼從一個萬馬齊喑、死氣沉沉的環境中，突圍而出，先行一步，為中國經濟創繁榮，為社會文化開生機，在中國近現代社會轉型史上，上演了最令人目眩，最令人驚嘆的一幕。

第四十七屆廣
交會機械大廳

那時，「文革」剛剛結束，國家遍體鱗傷，元氣未復，對未來何去何從，許多人仍然一片茫然。

意大利客商在第四
十八屆廣交會上洽
談選購服裝

但在五嶺之南，南海之北，忽聞平地一聲雷，在
扭轉中國命運的改革開放中，廣東再次挺身而
出，先行一步。歷史把一副千鈞重擔交與廣東，
是因為廣東具備先行一步的歷史與地理條件，具
有敢於先行一步的氣魄與膽識。

飲海水長大、慣與風浪搏鬥的廣東人，已敏感地
發現，時代契機，就在這個風雨晦明的歷史十字
路口。他們再一次挺身而出，以「受任於敗軍之
際，奉命於危難之間」的勇氣，甘冒最大的政治
風險，為天下人尋找衝開困局的突破口。他們充
滿自信地對自己的同胞說：來，跟著我走，我給
你們開路！

在很多有關改革開放歷史的書上，都是這麼記載
的：一九七八年九月，全國第一家「三來一補」
企業——太平手袋廠，在東莞落戶。在東莞的展
示中心解說詞，以充滿激情的筆觸寫道：「二十
世紀七八十年代，伴隨著商品農業的興起，一批
批洗腳上田的東莞農民告別田野上的晚霞，迎著
國際加工製造業轉移的朝陽，邁出自信而堅定的
步伐。一九七八年九月，東莞在全國率先創辦了
第一家『三來一補』（即來料加工、來件裝配、
來樣加工、補償貿易）企業——太平手袋廠，第
一年的加工費一百萬港元，當年即為國家創匯六
十多萬港元。」

然而，順德也聲稱第一家「三來一補」企業是在
他們那兒落戶。一九九六年中華書局出版的《順
德縣誌》記載：一九七八年八月，全國最早開辦
的「三來一補」企業——容奇大進製衣廠建成投
產。

東莞與順德都說自己是「三來一補」的開山祖，
但許多人都不知道，原來還有第三個地方，也說
自己才是第一家「三來一補」企業！

美商在玩具洽談間

香港客商在選購童裝

一位在廣州從事外貿幾十年的老行尊透露，中國第一家「三來一補」企業，是在廣交會的協助下，在南海開辦的。

一九七八年的春季廣交會上，一位南海籍的香港商人拿來了一種國外非常流行的塑料袋樣板，想在自己家鄉的大瀝塑料廠下訂單出口，但當時這家塑料廠很簡陋，一沒技術，二沒設備，三沒原料，令這位香港商人十分為難，苦惱不已。

廣交會上的中方外貿人員仔細研究了國家政策，得知國內企業可以接受港澳商人贈送的設備、原

竹編貨源充裕，花色品種繁多

料。於是，勸說港商向塑料廠贈送一套設備、三
千噸原料，我方收取一些加工費，並逐步從產品
出廠價格中扣除機器和原料成本。生產每個塑料
袋一元錢，塑料廠收取〇點一五元的加工費。

雙方一盤算，都覺得「有數為」（划算），一拍
即合。雙方都得益，是個雙贏的方法，最後皆大
歡喜。很快，這種模式被廣泛「克隆」。深圳、
東莞的鞋類、服裝加工廠，一夜之間，紛紛冒了
出來，解決了一千六百多萬人的就業問題。那時
還沒有「三來一補」這個名詞，這是外經貿部後
來總結出來的。

SJ45—400A型
高密度聚乙烯微
薄膜吹膜機

那位外貿老行尊自豪地說：廣交會的功能遠不止於為中國創造了數以億計的外貿出口，它更深刻的影響是為中國引進外資殺出一條血路。「三來一補」，這個被眾多經濟學家熱衷於解剖的經濟現象，便發源於廣交會上。

「三來一補」的創始人，究竟是東莞，還是順德，或是南海，對於一貫務實低調、訥於言而敏於行的廣東人來說，似乎都無關緊要，在他們看來，風流不在談豐盛，所以也不會大張旗鼓地爭搶這個發明權，頂多就是各自表述，你說你的，我說我的。

有學者説，在當今這個社會上，大家要麼發言，
要麼發財。廣東人從來不太擅長發言，那麼就去
發財吧。無論發言還是發財，都是履行對社會的
一種責任。不要以為，生孩子不是文化，起名字
才是文化。需知，理論永遠是灰色的，實踐才是
常青樹。廣東人説：「有雞啼天光（亮），無雞
啼天亦光（亮）」，生活總是要往前的。他們已
經在實踐中喝到了頭啖湯，得到了最大的實惠。

廣交會的洽談場面

誰起名字不重要，重要的是這孩子已經生
下來了，這就是最大的文化。

許多曾令人耳目一新的新觀念，在今天看
來，也許已經不新了，有些甚至變成了舊
觀念。但當初為了邁出這小小的一步，不
知要拿出多大的膽識。

On the huge platform of Canton Fair, the Cantonese learned from the very beginning how to observe the rules of the game in international trade and how to do business with their foreign partners.

為中國品牌
搭起大舞台

在廣交會這個巨大的平台
上，廣東人從一點一滴開
始，學會了國際貿易的遊戲
規則，學會了如何與外國人
做生意。

第九〇屆廣交會展出了四千多家企業的十萬餘種商品

一九八〇年代是一個旋風的年代，是屬於廣東人
的年代。在這個年代煥發出來的新思維、新見
解、新價值觀，有如春雷驚蟄，從南海之濱傳遍
大江南北，所及之處，風行水湧，地動山搖，事
物無不立時起了變化。

通過廣交會這個窗口，人們接觸到最新的歐洲款
式服裝、設計精美的日用百貨和電子產品，眼界
突然變得開闊了，顧客的品位也在提升。這時，
廣貨憑著先行一步的優勢，再次搶占先機，從外

商的來料、來樣和來件中，獲得了升級換代的靈感和養分。

順德從簡單地仿造日本鴻運扇起步，把一個遍地桑基魚塘的魚米之鄉，變成全國聞名的電風扇王國。廣東經濟的崛起，就是由順德的家電產品揭開序幕的。順德成了中國的家電之都，彙集了科龍、格蘭仕、美的、萬家樂等國內一批知名家電品牌。以前順德人驕傲地說：「全國每五台電風扇中，就有一台出自順德。」後來順德人又驕傲地說：「世界上每三台微波爐，就有一台是格蘭仕生產的。」

順德家電名牌格
蘭仕展位

改革開放以前，最令東莞人驕傲的是，他們教會了全中國人民種蕃薯。然而，自從有了「三來一補」以後，一切都不同了。「中國服裝五分之一產自東莞」，「全球十雙鞋，東莞產其一」，「東莞是世界最大的玩具出口基地」，也是全球數一數二的IT製造業基地，東莞人自豪地說：「東莞一塞車，全球百分之七十的電腦產品都缺貨。」

俄羅斯商人在選購服裝

二○○五中國名牌出
口服裝展演活動現場

就是在廣交會這個巨大的平台上，廣東人從一點
一滴開始，學會了國際貿易的遊戲規則，學會了
如何與外國人做生意。由仿港式的連衣裙、牛仔
褲起家，經過幾十年用心經營，女大十八變，廣
貨愈變愈出色了。順德家電、佛山陶瓷、古鎮燈
飾、龍江家具、虎門服裝、石碣電子、長安五
金、獅嶺皮具、鹽步內衣，一個個產業集群在南
海之濱爭妍競豔。「改革開放」與「海洋」，這
兩個關鍵詞，與廣貨有著天然的聯繫，代表廣貨
──也是嶺南文化──最本質的精神價值。

一九九一年之前，國內企業出口一美元，國家補

等待進廣交會館的客商

貼〇點二到一元人民幣。長此以往，國家財政難以承受；一九九一年之後，國家取消出口補貼政策。有識之士便提出了，既然取消了補貼，國家不用負擔，何不讓更多的企業擁有出口權？當年廣東就有九百多家民營企業不顯山、不露水地參與出口貿易活動。他們沒有外貿經營權，只能四處託人，辦個廣交會的「臨時進館證」，悄悄「溜」進會場。曾經鬧過一個笑話，浙江一家大型民營企業集團的董事長，一心想把產品打向國際市場，卻因為是民營身分，拿不到進館證，只好爬牆進廣交會，結果被逮個正著，罰款五十元。

很多公司削尖腦袋都想擠進廣交會，但不是人人都有資格的。攤位的分配，是根據參展商以往的業績。品牌類攤位是由商務部審批下達，其他攤位也分別控制在各主管進出口商會和地方交易團手裡。參展商一旦被發現倒賣攤位，馬上會受到嚴厲懲罰：連續六屆取消參展資格。

因此，爭取攤位成了許多外貿公司每年例行的活動。一個攤位平均每天的費用要幾千元。甚至辦一個進出廣交會的臨時證件，也要每天繳付二百元，人們依然趨之若鶩。

以前的企業代表不能直接與外商洽談，又沒有手機通訊，只能在廣交會門外等消息。經常可以看到這樣的場面：外貿公司的業務員談完以後，匆匆跑出來報告結果。談成的歡天喜地，談崩的垂頭喪氣。後來，民營企業「混」進廣交會後，開

第八十五屆廣交會：好產品才能贏得客戶訂單

始直接與客商洽談好業務，然後由外貿公司代其簽訂出口合同，辦理出口關、結匯，民營企業自付盈虧。

翻開廣交會的歷史記錄，在一九九三年之前，民營企業的出口額為零；但在二〇〇六年的第九十九屆廣交會上，民營企業成交額已達一百五十五點六億美元，所占總成交額比重為百分之四十八點三。這兩組數字的驚人對比，足以證明中國的經濟結構，正在發生一場深刻的變革。

一九九九年四月十五日，當第八十五屆廣交會開
幕時，有四家民營企業，他們首批獲得外經貿部
批准，擁有了自營進出口權。中國民營企業第一
次在廣交會的舞台上，正式公開亮相，吸引了全
世界的目光。

到第九十九屆廣交會時，在五十個交易團一萬三
千六百八十六家參展企業中，國有企業四千〇十
三家，占百分之二十九點三二；民營企業五千三
百五十七家，占百分之三十九點一四；「三資」
企業二千六百三十一家，占百分之十九點二二。

第八十七屆廣交會開幕
首日來賓報到異常火
爆，長龍擺到南廣場

民營企業已經與國營企業、「三資」企業形成三
足鼎立之勢，而且數量最多。

交易會最初每屆為期一個月，後來覺得時間太
長，成本過重，從一九八二年春季起進行改革，
縮短為二十天；一九八九年春季起又改為十五
天；二○○二年春季起再縮減為十二天，分兩期
舉行。春交會第一期從四月十五日至二十日；第
二期從四月二十五日至三十日。秋交會第一期從
十月十五日至二十日；第二期從十月二十五日至
三十日。

順德科龍的展位佈置非常大氣

會期雖然愈縮愈短，但交易規模卻愈來愈大。一九八〇年兩屆成交額合計為四十四點〇八億美元，二〇〇四年為五百一十七點一億美元。一九八〇年的參加客商有四點二五萬人，二〇〇四年是三十二點七六萬人。廣州一位國營外貿公司的老總説，十年前，他們公司的客戶，幾乎百分之百是在廣交會上認識的；現在也起碼有七成。廣交會上籤訂的合同，占公司全年成交額至少三成。「所以交易會對我們來説很重要，比任何其他形式的商貿活動都重要。」

在廣州這個商業高度繁榮的地方，各種類型的展
銷會、經貿洽談會多如牛毛，但廣交會依然是一
年兩度的外貿盛會。

長期以來，廣貨只能以OEM（貼牌生產）形
式，進入國際市場。深圳的GDP，有五成來自加
工貿易，全市七成以上的企業是靠委託加工訂單
生存的。這種「為他人作嫁衣裳」的現象，在珠
三角地區普遍存在。

順德二○○三年外貿出口五十三點五億美元，屬
於自有品牌出口的僅占一成左右，其餘九成都是
為他人作嫁衣裳。

在經濟初起步時，貼牌生產未嘗不是一種原始積
累的好辦法，但這種勞動密集型產業、中低技術
產業和傳統產業的發展模式，已快要走到盡頭
了。事實上，當靠廉價土地和勞動力賺取的利
潤，愈攤愈薄，已所剩無幾時，就算你甘於永遠

第九十二屆廣交會電子展區

做「世界工廠」，也不過是一廂情願，因為產業
必然會向更低成本的地區轉移。

廣東經濟到了非轉型不可的歷史時刻了。作為改
革開放排頭兵的廣東人，不滿足於永遠給國外的
大公司做打工仔，把自己永遠埋沒在「Made in
China」標籤後面，他們要另敲鑼鼓另開張：創
自己的品牌！從這時候起，走自主創新的路，把
「廣東製造」轉變為「廣東創造」的呼聲，響遏
行雲，廣貨在國際舞台上能否站穩腳跟，再創輝
煌，還看今朝。

然而，人們並不是從一開始就意識到自有品牌的
價值，也不太懂得如何保護自有品牌。廣州的名

牌產品「虎頭」牌電池，是全國電池行業、也是
廣州市第一個中國馳名商標，在非洲市場極受歡
迎，僅出口尼日利亞，一年創匯就可達到八千多
萬美元。而同一家公司生產的「五五五」牌電
池，同樣是廣東省、廣州市著名商標，同樣是中
國名牌產品，質量與「虎頭」牌不相上下，在中
東地區很受歡迎。但不管你如何包裝，如何宣
傳，如何解釋，就是打不進非洲，因為非洲客商
只認「虎頭」牌。習慣的力量竟是如此驚人，客
戶對「虎頭」這個品牌已經形成一種心理需求，
是其他牌子取代不了的。

這時，廣交會也成了培育和發展我國名牌出口商
品的重要舞台。最初是在廣交會內設立「名優新
特展位」，讓中國的名、優、新、特品牌有一個
展示自己的窗口。從二〇〇四年第九十五屆廣交
會開始，把「名優新特展位」升級為品牌展區，
首設二十四個品牌展區、約二千個品牌展位，占
展位總數的百分之七。當年就有三百〇二家企業
的三百二十個品牌進駐，其中商務部重點扶持的
一百一十八個品牌中有一百〇八個進入了品牌展
區。

2005 saw completion of the new venue for the fair at Pazhou. Relocation by the Pearl River, the starting point of the 「Silk Road on Seas」 in history, is of a symbolic significance in the 21st century.

通往海洋文明
的航標

二〇〇五年，廣交會新展館
——琶洲會展中心落成。廣州
的海上絲綢之路起點，在二
十一世紀又回到了珠江岸
邊。這是一個意味深長的象
徵。

二〇〇三年八月三十一
日，國務院副總理吳儀視
察廣交會琶洲展館

一九九九年，人們的目光焦點，轉移到了廣州珠
江以南的琶洲。從前有一句詠廣州的詩：「白雲
越秀翠城邑，三塔三關鎖珠江。」三關，即海
珠、海印、浮丘三石；三塔，就是蓮花、琶洲和
赤崗三塔。這三塔三關構成了廣州古城縝密而完
整的風水格局，地靈人傑，端賴於此。

南宋時《南海百詠》一書描寫：「琵琶洲，在郡
東三十里，以形似名。俗傳洲在水中，與水升

降，蓋海舶所集之地也。」由此可知，琶洲從前
是一個江心小島，四面都是滔滔江水，煙波萬
頃，溶溶漾漾。島上有三座山岡，數十米高，形
似琵琶。浮海而來的客船，透過迷濛煙雨，看見
琵琶洲上的蔥秀山色，便知道已安全抵埠了。
《南海百詠》有一首關於琶洲的詩：「彷彿琵琶
海上洲，年年常與水沉浮。客船昨夜西風起，應
有江頭商婦愁。」

琶洲展館全面迎賓

廣州市政府決定在琶洲上興建新的會展中心，也是二十一世紀廣交會的新館址。

一九九九年十二月，廣州市政府重點建築項目建設領導小組在廣州規劃局舉辦了會展中心的建築設計競賽文件發佈會，公開向外招標。有七家國外和五家國內設計單位參加了競賽，最後由日本佐藤綜合計畫株式會社提供的建築設計方案奪標。

二○○一年四月，春氣融和，花開如錦，投資四十億元的新會展中心，在琶洲島正式動工興建。

琵洲展館電子電工和計
算機及信息產品標準展
位實行美化後，受到普
遍歡迎

設計的靈感來自珠江的「飄」。遠望波浪般起伏
的屋頂，就好像廣州會展中心從珠江乘風破浪，
飄然而至。在會展中心的西、北、南三側，分別
有體育健身公園、親水公園和萬畝生態果園三個
主題公園。

會展中心總建築面積約七十三萬平方米（首期43
萬平方米，二期30萬平方米）。中心工程主體為
預應力鋼筋混凝土框架結構。屋頂採用大跨度預
應力張弦梁鋼管桁架，總用鋼量一點五萬噸。長
達一百三十七米的桁架是當時世界上跨度最大的

結構形式。屋面採用亞光不鏽鋼板，東西北外牆均為玻璃幕牆，總面積達五點八萬平方米。景觀氣勢，極之宏大。

主體建築中央，設計了長四百五十米，寬三十米的珠江散步道。三層展廳位於珠江散步道兩側。架空層三個展廳、一層七個展廳、二層設五個展廳。展廳按國際標準三公尺乘三公尺的展示網格設計，展位可達一萬多個。整個建築群體有上百個出入口，四十六條自動扶梯、十六條水平觀光扶梯和二十九台垂直升降電梯，把各個空間連接起來。

工程進展相當神速，僅用了一年十個月便基本竣工了。《羊城晚報》驚嘆這是「驚人的『廣州速

度』」。

沿著珠江岸邊，遠眺這個亞太地區最大，世界第
二大（僅次於德國漢諾威展覽中心）的會展中
心，起伏有致的建築，彷彿層層波浪，從珠江疊
湧而來，激起一個拍岸的浪頭。千年琶洲，又增
添了另一種現代都市的韻味。在海珠十景中，有
一景為「會展雄姿」，即位於琶洲的廣州會展中
心。廣州海上絲綢之路的起點，在二十一世紀又
回到了珠江岸邊。這是一個意味深長的象徵。

第九十九屆廣交會

會展中心二〇〇四年獲國家優質工程銀質獎，二
〇〇五年獲第五屆詹天祐土木工程大獎，並與廣
州新機場同時入選「二〇〇五年全國十大建設科
技成就」。《羊城晚報》特意邀請了一些地產專
家來評價哪裡是廣州二〇〇六年的「新地王」。
結果是眾望所歸，得票最高的是琶洲。

琶洲，這個昔日與世無爭的寧靜鄉村，開始進入
都市化的快車道。

琶洲展館落成後舉辦的第一個大型活動，就是二
〇〇二年十二月二十八日至三十日的第三屆廣州
留學人員科技交流會，然而，最讓人期待、最讓
人激動不已的，還是廣交會的進入。

二〇〇四年，第九十五屆廣交會正式啟用了琶洲
展館。

Oranges and straw mats were the major goods at early Canton fairs. To date, China has grown to be the third economic power and the second largest trading nation around the world.

大樹參天
二千尺

回想當年，廣交會上只能賣些柑橘、橙子，到如今，中國已經成為世界第三大經濟體、全球第二大貿易國。

二〇〇三年初爆發的一場「非典」，全國許多地方都鬧得沸沸揚揚、風聲鶴唳，甚至連外國也聞「非」色變，亞洲乃至全球的旅遊、航空及餐飲業，都受到衝擊，那年香港赴瑞士參加珠寶展的代表團，便吃了閉門羹，不得不黯然打道回府。但廣州人卻處變不驚，工照開，學照上，街照逛，生活如常，井然有序，甚至連當年的第九十三屆春季廣交會，也在一片抗擊「非典」聲中，照常如期舉行。

交易會大廳在「非典」時期依然熙熙攘攘

特殊時期，安全
保衛工作未放鬆

雖然這一屆的到會客商，只有寥寥的二點三萬
人，跌到了一九八一年水平，但久經風浪的人
們，從容應對，做足了預防措施，不僅做到生意
照談，合同照簽，而且在廣交會期間，沒有一個
客商感染「非典」。

一位在廣交會擔任諮詢嚮導的年輕人說：「每一
位客商我們可能只會碰見一次，而在這一次中，
我們的服務、我們的能力與態度都代表著廣交會
向世界展示中國禮儀之邦的形象。我相信，我們
的一份專注、一份誠摯都會為客商留下美好的印
象。」而這種精神，在廣交會的傳統上，是一以
貫之的。

因此，到二〇〇三年的秋季廣交會時，參加廣交
會的客商迅速上升至十五萬人，超過了沒有「非
典」的二〇〇二年秋季廣交會人數。

「春暖四月，廣交會火熱登場」。這是二〇〇四
年一篇報導的標題。確實，每年這個時候都是火
熱的。這裡陽光燦爛，春和景明。「非典」過後
的流花路上，又恢復了人山人海的場面，聚集著
無數忙忙碌碌的商人，行走在街道上的人們都顯
得意氣風發，神采飛揚，言談舉止充滿自信。廣
交會門口擠滿了期待有人聘請翻譯的大學生。載
著交易團的旅遊大巴川流不息。交通擁擠不堪，
忙壞了交通警察，繁忙時段甚至要實行臨時管制
措施，以疏導交通。

琶洲新展館啟用後,這一屆的廣交會,分兩個展
館舉行,一共設有二點七五萬個攤位,其中流花
路的舊館兩期各設攤位六千多個,琶洲新館兩期
各設攤位七千五百多個。共分五大類(工業類、
紡織服裝類、食品醫藥類、日用消費品類、禮品
類)三十五個展區。

交易會的日程,本來就夠緊張的了,到了兩期換
展時,簡直就像打仗一樣。第一期的帷幕在四月
二十日傍晚十八時降下,由六百人組成的專業裝

搭、配電隊伍在閉館前兩個小時已經到位，時針指向十八時，迅速開入場內。由大會組織的九百五十名搬運工、四百五十台運輸手推車、二十輛中小型貨車、十二台叉車、十台八噸吊車和三十台液壓車也同時進場，開始緊張地搬運展品。六百一十二輛貨車穿梭進出於流花舊館，一千六百六十四輛貨車緩緩駛往琶洲新館。四月二十三日上午，二期展館的展位搭建、楣板安裝、預裝射燈、攤位燈全部完成；下午，七千五百五十七個展位的布展工作全部結束。

對於參加廣交會的公司來說，這種像打仗一樣的
緊張場面，每年都會上演兩次。他們已經習慣
了。比起當年用三個月時間在廢墟上蓋出十二座
展覽館舉辦「華南土特產展覽交流會」，今天的
條件，已天壤之別，不可同日而語了。廣東的外
貿、中國的外貿，就是這樣一步一個腳印地走出
來的。

以二○○一年加入WTO為標誌，中國全面放開
外貿經營權，對外經濟貿易發展蓬蓬勃勃，更上
一層樓，出口從當年的二千六百六十一億美元增
加到二○○九年的一兆二千○一十六點七億美
元，首次超越德國，躍居全球首位。

回想當年，廣交會上只能賣些柑橘、橙子，賣些草蓆、生豬，活像個農村的大集市，到如今，中國已經成為世界第三大經濟體、全球第二大貿易國。而廣東也在這幾十年中，發生了移天易日的巨變。這個海上絲綢之路的出發地，昔日的「金山珠海，天子南庫」，又一次崛起成為全國數一數二的經濟大省。

廣交會功莫大焉！

二〇〇九年四月二十日下午，中共中央政治局常委、國務院總理溫家寶來到廣州琶洲國際會展中

烏干達貿易、旅遊、工業部、國務部官員參觀廣交會

第九十七屆廣交會開幕招待會暨「海峽兩岸正春風」主題晚會

心，瞭解正在舉辦的第一百〇五屆廣交會的情況。他說：「這屆廣交會是在國際金融危機的巨大沖擊下進行的，這樣的成績來之不易，說明中國的經濟實力、產品競爭力在逐漸增強，更堅定了我們抵禦風險的信心。」他特別囑咐大家「要堅守陣地」，再接再厲，為穩外貿、保增長作出貢獻。

也許有人會說，廣交會只是一種商業活動，它與嶺南文化有什麼關係？也能稱之為文化名片嗎？

殊不知，文化不是一門學院裡的學科，不是一種

枯燥的理論，也不是某些大師的專利，文化首先
是一種鮮活的生活方式，是人的思維模式與行為
模式。這才是最恆久的、最基本的文化之源。在
一個多世紀的風雲變幻中，廣東始終站在中國與
世界對話的最前沿。把中國帶到世界面前的，是
廣東；把世界帶到中國面前的，也是廣東。這不
是文化的力量又是什麼？

廣東人雖然務實、低調，但並不缺乏遠大的追
求，也創造出無數具有超越性價值的文化理念。
開闢海上絲路、走向世界，就是一種遠大的追
求。廣東，是中國一扇面向海洋、面向世界的永
不關閉的南風窗。這個陣地五十四個春秋風雨不
改，五百四十個春秋也巋然不動，哪怕一千五百
四十個春秋，也依然紅紅火火。

嶺南文庫 A0702A04

嶺南文化十大名片：廣交會

主　　編	林　雄	
編　　著	葉曙明	
版權策畫	李　鋒	
發 行 人	陳滿銘	
總 經 理	梁錦興	
總 編 輯	陳滿銘	
副總編輯	張晏瑞	
出　　版	昌明文化有限公司	

桃園市龜山區中原街 32 號

電話 (02)23216565

印　　刷　百通科技股份有限公司

發　　行　萬卷樓圖書股份有限公司

臺北市羅斯福路二段 41 號 6 樓之 3

電話 (02)23216565

傳真 (02)23218698

電郵 SERVICE@WANJUAN.COM.TW

大陸經銷　廈門外圖臺灣書店有限公司

電郵 JKB188@188.COM

ISBN 978-986-496-212-9

2019 年 7 月初版二刷

2018 年 1 月初版一刷

定價：新臺幣 220 元

如何購買本書：

1. 轉帳購書，請透過以下帳戶

　　合作金庫銀行 古亭分行

　　戶名：萬卷樓圖書股份有限公司

　　帳號：0877717092596

2. 網路購書，請透過萬卷樓網站

　　網址 WWW.WANJUAN.COM.TW

大量購書，請直接聯繫我們，將有專人為您

服務。客服：(02)23216565 分機 610

如有缺頁、破損或裝訂錯誤，請寄回更換

國家圖書館出版品預行編目資料

嶺南文化十大名片 ：廣交會 / 林雄主編.--

初版.-- 桃園市：昌明文化出版；臺北市：

萬卷樓發行, 2018.01

　面；　公分

ISBN 978-986-496-212-9(平裝)

1.中國進出口商品交易會

558.8　　　　　　　　　　　　107001995

本著作物經廈門墨客知識產權代理有限公司代理，由廣東教育出版社有限公司授權萬卷樓圖書股份有限公司出版、發行中文繁體字版版權。

本書為金門大學產學合作成果。　　　　　　校對：陳裕萱／華語文學系二年級